Las hormigoneras

Mari Bolte

CREATIVE EDUCATION • CREATIVE PAPERBACKS

semillas del saber

Publicado por Creative Education y Creative Paperbacks
P.O. Box 227, Mankato, Minnesota 56002
Creative Education y Creative Paperbacks son marcas
editoriales de Creative Company
www.thecreativecompany.us

Diseño de Ellen Huber
Producción de Alison Derry
Dirección de arte de Tom Morgan
Traducción de TRAVOD, www.travod.com

Fotografías de iStock (ewg3D, Pixelci, tracielouise), Shutterstock (alexfan32, Baloncici,
Bannafarsai_Stock, DmytroPerov, garmoncheg, INDUPHOTOS, KAMONRAT, Nerthuz,
Pamela Au, Roman023_photography, sakoat contributor, wanchai, XPhantom)

Library of Congress Cataloging-in-Publication Data
Names: Bolte, Mari, author.
Title: Las hormigoneras / Mari Bolte.
Other titles: Concrete mixers. Spanish
Description: Mankato, Minnesota : Creative Education and Creative
    Paperbacks, [2024] | Series: Semillas del saber | Translation of:
    Concrete mixers. | Includes bibliographical references and index. |
    Audience: Ages 4–7 | Audience: Grades K–1 | Summary: "An early
    elementary-level STEM introduction to the concrete mixer, translated
    into North American Spanish. Covers how the construction vehicle looks
    and works. Includes a glossary, further resources, and a labeled image
    guide to the cement-mixing machine's major parts"— Provided by
    publisher.
Identifiers: LCCN 2023015514 (print) | LCCN 2023015515 (ebook) | ISBN
    9781640269248 (library binding) | ISBN 9781682774748 (paperback) | ISBN
    9798889890027 (pdf)
Subjects: LCSH: Concrete mixers—Juvenile literature. | Mixing
    machinery—Juvenile literature. | Construction equipment—Juvenile
    literature. | CYAC: Concrete mixers. | Mixing machinery. | Construction
    equipment.
Classification: LCC TA439 .B57718 2024 (print) | LCC TA439 (ebook) | DDC
    620.1/360284—dc23/eng/20230403

Impreso en China

TABLA DE CONTENIDO

¡Hora de mezclar!

Las hormigoneras son camiones grandes.

Mezclan cemento con agua.

En la parte trasera del camión hay un gran tambor. Dentro de ese tambor se mezcla el hormigón.

Un motor hace que el tambor gire. Al girar evita que el hormigón húmedo se endurezca.

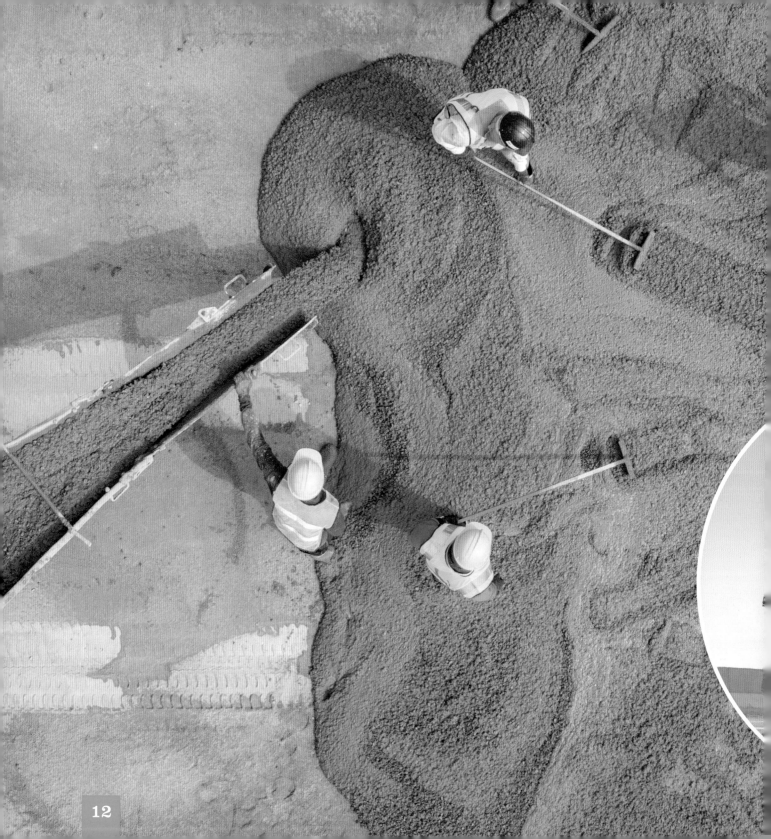

¡El hormigón es pesado! Las hormigoneras son camiones poderosos. Pueden llevar el doble de su peso en hormigón.

Las hormigoneras se mueven sobre ruedas fuertes. Llevan hormigón al sitio de construcción.

Las hormigoneras tienen una canaleta. Suele estar en la parte de atrás. El hormigón sale y baja por la canaleta.

¡Termina de mezclar!

Imagina una hormigonera

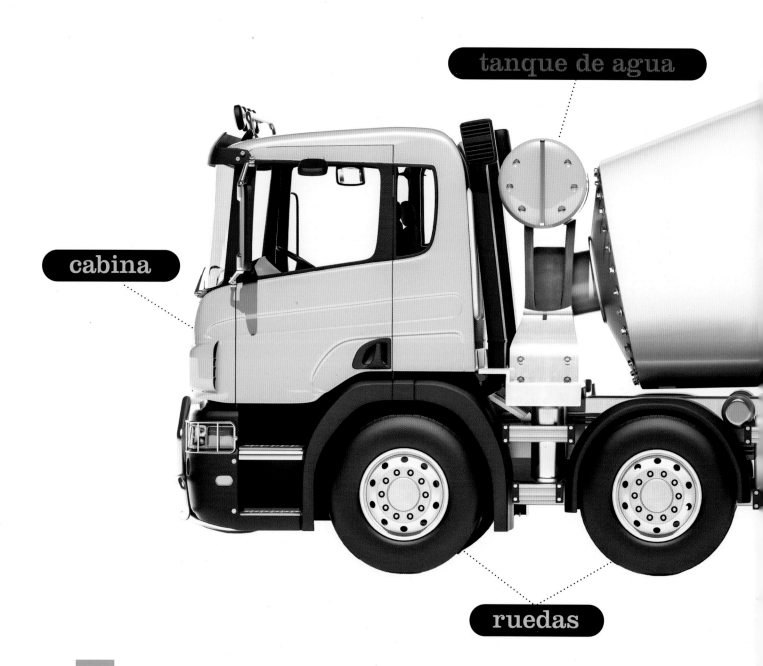

tanque de agua

cabina

ruedas

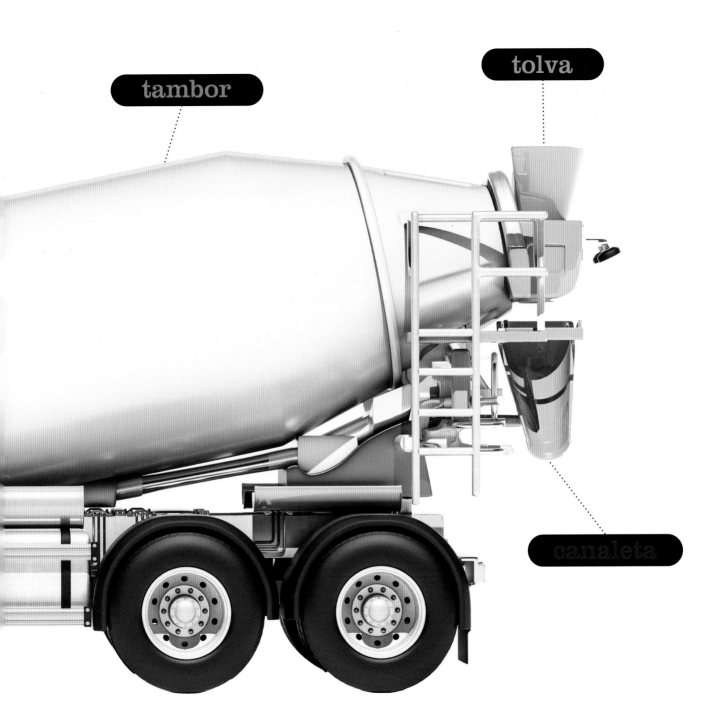

tambor

tolva

canaleta

canaleta: rampa deslizante.

chute: polvo hecho de arcilla y rocas.

concrete: material de construcción hecho de cemento y agua.

drum: contenedor giratorio.

Índice